速读新时代

陈 晋——著

中国少年儿童新闻出版总社
中國少年兒童出版社
人民出版社
北京大学出版社
PEKING UNIVERSITY PRESS
北 京

图书在版编目（CIP）数据

速读新时代 / 陈晋著. — 北京 ：中国少年儿童出版社，2019.1
ISBN 978-7-5148-5180-9

Ⅰ. ①速… Ⅱ. ①陈… Ⅲ. ①改革开放－中国－青少年读物 Ⅳ. ①D61-49

中国版本图书馆CIP数据核字（2018）第275390号

SUDU XINSHIDAI

出版发行：中国少年儿童新闻出版总社
中国少年儿童出版社
人民出版社
北京大学出版社
PEKING UNIVERSITY PRESS

出 版 人：孙 柱　　执行出版人：张晓楠

策　　划：张　楠　　审　　读：林　栋　聂　冰
责任编辑：王　燕　陈光耀　徐少燕　　责任校对：华　清
装帧设计：瞿中华　　责任印务：任钦丽
美术编辑：姜　楠　　封面图片：视觉中国

社　　址：北京市朝阳区建国门外大街丙12号　　邮政编码：100022
总 编 室：010-57526071　　传　　真：010-57526075
客 服 部：010-57526258
网　　址：www.ccppg.cn
电子邮箱：zbs@ccppg.com.cn

印　　刷：北京利丰雅高长城印刷有限公司

开本：880毫米×1230毫米　1/32　　印张：3.75
2019年1月第1版　　2019年1月北京第1次印刷
字数：45千字　　印数：30000册

ISBN 978-7-5148-5180-9　　定价：15.00元

写在前面的话

关于新时代

历史是一条奔流不息的长河，总要经历不同的河床。不同的河床便是不同的时代。

改革开放以来，开辟、坚持和发展的中国特色社会主义这条历史之河，如今奔流到了什么样的河床上呢？中国共产党第十九次全国代表大会宣布，中国特色社会主义进入了新时代。

这个论断，反映了经过长期努力，中国特色社会主义建设取得的历史性成就和发生的历史性变革，反映了党的十八大以来取得的全方位、开创性成就和发生的深层次、根本性变革。

在长期发展的基础上，我国实现了两个“前所未有”。一是综合国力进入世界前列，推动我国国际地位实现前所未有的提升；二是党、国家、人民、军队、中华民族的面貌发生了前所未有的变化。这两个“前所未有”，是对中国特色社会主义进入新时代的实践基础和现实依据的高度概括。

进入新时代的标志和意义，从中华民族的前途来说，意味着中华民族迎来了从站起来、富起来到强起来的飞跃；从社会主义的命运来说，意味着科学社会主义在 21 世纪的中国焕发出强大生机活力；从世界发展的道路来说，意味着中国拓展了发展中国家走向现代化的途径。

进入新时代，中国的发展站到了一个更高层级的历史方位。从这个历史方位看新时代的内涵或者说它的历史使命，在时代主题上，是在新的历史条件下继续夺取中国特色社会主义伟大胜利；在国家层面上，是决胜全面建成小康社会，进而全面建设社会主义现代化强国；在人民层面上，是不断创造美好生活，逐步实现全体人民共同富裕；在民族层面上，是奋力实现中华民族伟大复兴；在中国和世界的关系层面上，是不断为人类做出更大贡献。

进入新时代，不是从人类学、历史学的角度讲的，不是指石器时代、青铜时代，或奴隶制时代、封建时代、资本主义时代、社会主义时代这样一些大的历史变迁。进入新时代的是长期以来坚持和发展的中国特色社会主义事业，而不是其他。

在新时代，是“续写”而不是“另写”新的篇章。

进入新时代的中国特色社会主义，带来的是一个确定性的时代。历史方位和国家战略层面的确定性，可以引导进而转化为社会各领域从容、乐观和主动创造的进取面貌。

这本小书想要传达的是——

新时代不是一个要求，它是实践面貌的演变。

新时代不是一个口号，它有鲜活生动的故事。

新时代不是一个愿景，它在人民感受中生长。

新时代是干出来的，是大家一起干出来的。

于是，本书着眼于社会变化和人们感受，按年份书写，就是想翻看一下，新时代新气象，是怎样一步一步地呈现在人们面前的。

目 录

2012年

“正能量”

随着英国心理学家理查德·怀斯曼写的《正能量》中译本出版，“正能量”一词忽如一夜春风来，迅速流行，被评为2012年十大网络流行语之首。

这本书将人体比作一个能量场，通过激发内在潜能，可以使人表现出一个新的自我，更加自信和充满活力。从此，人们习惯将所有积极的、健康的、催人奋进的、给人力量的、充满希望的人和事，说成是正能量。

有正能量就有负能量。

这年最典型的负能量，是谣传12月21日将成为玛雅人预言的所谓“世界末日”。有人到处说将出现行星撞地、地磁倒转，借以敛财；有人抱着调侃心态，消费“世界末日”的滑稽奇谈，催生出谣言、迷信与流行文化掺杂传播的独特现象。当12月22日的太阳再次照亮地球，困扰散去，人们自然走出对玛雅历法的误读，迎来正能量的回归。

掺杂着正能量和负能量的流行语，这年也“盛产”了不少。人们突然喜欢用“高富帅”和“白富美”来比喻择偶方面具有优势的男女青年，既有对理想生活的向往，也有对平凡现实的自我解嘲。有网友还提出“中国式过马路”，意思是“凑够一拨儿人就可以走了，和红绿灯无关”，由此引出许多以戏谑口吻议论中国社会问题的流行语,比如,“中国式接送孩子”“中国式相亲”“中国式插队”，以此表达自嘲与质疑。

一部反映中华美食传统的纪录片《舌尖上的中国》，在这年带给不少人异样欣喜。片中展示的各地美食生态、食材选择搭配、烹调加工艺术，乃至炊具的配备使用，看得观众“垂涎三尺”，无意中带火了不少地方特色鲜明的“吃”的产业，人们称之为“美食文化”的兴起。中华美食蕴含着耐人寻味的风俗仪式和伦理文化，这属于正能量。

中国社会确实需要正能量。经历这么多年的改革发展，人们分享改革发展成果的愿望越来越强烈，利益格局的多样化和分化趋势明显，不同的社会阶层和利益群体形成了不同的价值观念和利益诉求。凝聚改革共识，统筹兼顾各方利益，比过去更难了。社会上一些群体特别是被称为“中产阶层”的人，也有了明显焦虑。

正能量来自好的社会政策。从三年前开始，中国先后启动新型农村社会养老保险和城镇居民社会养老保险试点，到2012年10月，城乡居民社会养老保险参保人数达4.59亿，其中1.25亿城乡老年居民领取养老金。这年，中国决定在全国所有县级行政区实行城乡居民的养老保险，以期从制度上保证“老有所养”全覆盖。

正能量来自科技领域“上天入地下海”的突破性成就。人们说，地球有四个“极地”。除了大家熟知的南极和北极，还有地球之“巅”珠穆朗玛峰和地球之“谷”

农民展示刚办理的新型农村社会养老保险缴费证。　　视觉中国　供稿

神秘的大洋海沟。人类足迹还很少到达地球之谷。但在这年，中国的“蛟龙”号载人潜水器，在太平洋马里亚纳海沟区域进行下潜试验，创下7062米中国载人深潜新纪录，也是世界同类作业型潜水器最大下潜深度纪录。

地球之外，更有无限的“极地”。这年，神舟九号在距地球343公里的太空，与天宫一号完成首次手控交会对接，“拥抱”在了一起。三位航天员依次“飞”进“天宫”，其中包括中国第一位进入太空的女性——刘洋。

老百姓这年最津津乐道的，要算中国第一艘航空母舰“辽宁舰”正式交付海军这件事了。在航空母舰问世将近百年之际，中国终于拥有了体现海上力量的“巨无霸”。

好戏还没有完。中国自主建设、独立运行的北斗二号系统的14颗卫星，这年完成发射组网，开始为亚太地区用户提供服务。这是继美国GPS、俄罗斯格洛纳斯、欧洲伽利略之后，全球第四大卫星导航系统。可别小看了这项成就。此前，人们大多只能使用美国的 GPS 导航系统；如今，中国人有了新的选择。事实上，早在 2008 年汶川大地震时，震区通信中断，最早进入的救援队，就是靠还没有区域组网的北斗卫星提供信号、保持联络的。从这以后，不少车载导航仪、自动播种收割的拖拉机、防止老人小孩走失的带定位功能的鞋子、定位摄影的小型飞行器，等等，靠的都是北斗卫星那看不见的光波指引。

这年最大的正能量，来自 11 月召开的中国共产党第十八次全国代表大会。大会把科学发展观作为党必须长期坚持的行动指南写入党章，习近平当选为中共中央总书记和中央军委主席，来年 3 月当选为国家主席。党的领导层顺利实现交接。几年后，人们把党的十八大的召开，视作新时代的开始。

当时的观众，通过电视直播，看见习近平在同中外记者见面时说到，“人民对美好生活的向往，就是我们

6月16日，神舟九号飞船成功发射，中国航天员景海鹏、刘旺、刘洋飞往“天宫”。33岁的刘洋成为中国第一位进入太空的女性。

新华社　视觉中国　供稿

北斗卫星导航系统模型。

视觉中国　供稿

斗卫星导航系统模型

的奋斗目标”。这个宣示，人们感到最为可心。这句最可心的话，不久就引出三件将最大限度激发全社会正能量的大事,成为这年就要结束时甩出的一个精彩“豹尾”。

一是提出“实现中华民族伟大复兴中国梦”。这句话犹如一石激起千层浪,引起社会广泛热议和真切回应。作为一种战略愿景，习近平同志在转过年来的第十二届全国人民代表大会第一次会议上，进一步揭示了中国梦的基本内涵，那就是民族振兴、国家富强和人民幸福，归根到底,中国梦就是人民的梦。中国梦的提出和论述，传递了共识、凝聚了人心，让整个社会知所趋赴，充满信心地去创造未来。

二是明确“改革开放是决定当代中国命运的关键一招”，明确“改革开放只有进行时，没有完成时”。在30多年的改革进入攻坚区和深水区的时候，这样的宣示，意味着新一轮改革即将再出发，表明了党中央将改革开放进行到底的政治魄力和坚定决心。

三是制定出了“八项规定”。其主要内容是：改进调查研究，精简会议活动，精简文件简报，规范出访活动，改进警卫工作，改进新闻报道，严格文稿发表，厉行勤俭节约。每项规定，都很实在具体，都从中央做起。接下来，就像人们亲身体验到的那样，“八项规定”层层细化，层层落实，几乎成为所有领导干部改进工作作风、密切联系群众的“代名词”。

这年 12 月，经过网民推荐、专家评审、网络票选，“梦”被评为年度国内第一字。有人说，一个国家处于上升期的标志之一，就是这个国家开始打造她的“追梦”能力，它的国民开始自信地谈论和确定自己的梦想。这样的情境，何尝不是一种持久发力的正能量呢?

“中国梦”的能量在当下，也在未来；在实践，也在人心。

2013 年

方向感

中国这年发出建设“丝绸之路经济带”和“21世纪海上丝绸之路”的合作倡议，引起不少国家积极回应。这是第一次由发展中国家发起的、跨地区的大型国际合作发展倡议。它不是一个大型援助计划，而是共商共建共享，互联互通、互利共赢的合作项目集群。

有人说，“一带一路”昭示了“一种新型的经济全球化方向”。

2013年，是让中国人拥有明确方向感的一年。

新年伊始，扑面而来的有关反腐倡廉的新提法，让老百姓耳目一新。"'老虎''苍蝇'一起打""把权力关进制度的笼子""打铁还需自身硬"，句句掷地有声。中央提出要形成不敢腐、不能腐、不易腐的体制机制（后来，"不易腐"改为"不想腐"），更是昭示了遏制腐败蔓延的新方向。

为了朝新方向迈进，执政党的作风转变，动了真格。年前制定的"八项规定"，全面落地执行；以整治"四风”（形式主义、官僚主义、享乐主义、奢靡之风）为主要内容的群众路线教育实践活动，分批地开展起来，俗称是让领导干部“照镜子、正衣冠、洗洗澡、治治病”；国务院向社会公开承诺“约法三章”，本届任期内，政府性的楼堂馆所一律不得新建,财政供养人员只减不增,“三公”经费只减不增。

以上，还只是宏观氛围。

落实加强党的建设的新思路、新方向，没有停留在常规性的一般做法上面，而是实实在在地从细小处做起来了。一段时间以来，车轮上的铺张、舌尖上的浪费、会所中的歪风,还有公款旅游,以及名目繁多的变相“福利”，透支了人民群众对党和政府的信任。这些过去被认为是法不责众、司空见惯的寻常事，如今都不行了。

这年，四川省凉山州一名领导干部带领 15 个人的工作组下乡，开了 10 辆越野车，加上县里陪同的车辆，在崎岖的山路上，形成一支绵延一二里路的车队。晚上本来安排的是工作餐，却因为前来看望的同乡同学和亲友越来越多，变成了60人参加的大宴席，花了15000多元（人民币，全书下同）。中共四川省纪委对这起大吃大喝案件进行了严肃处理。

凉山州还制定了“十条规定”，其中一条很特别，就三个字：“不杀牛”。原来，当地老百姓有一个风俗，婚丧嫁娶、招待尊贵客人都要杀牛。这个风俗后来有些变味儿，书记下乡要杀牛，县长下乡要杀牛，杀牛成为公务接待的“标配”。新规定一出，无论大事小事都要杀牛宰羊显排场的风气基本上不见了。

还有，领导干部违规兼职特别是在企业兼职；收取享用别人赠送的各类会员卡；把家庭成员送到国外定居，自己在国内当“裸官”；出差时被安排到风景名胜观光一番，或顺带收点地方的土特产；逢年过节机关单位出钱买些购物卡或烟花爆竹送人，凡此等等，都要受到处分。若有人于灯红酒绿处大吃大喝，被拍下场景或账单，随手发到网上，一经查明真是公款消费，吃喝者便不好受了。靠公款接待夜夜爆满的场所也风光不再。

一些多年奈何不得的“老赖”，日子也不好过了。从这年 10 月开始，那些经法院判决的被执行人，若拒不履行判决，或有能力偿还债务而拒绝履行偿还义务的，一经纳入失信人名单，便失去了高消费的机会，坐飞机或高铁都会因为“失信”这顶帽子而被拒绝。

在山东省阳谷县，一名败诉人拒不还债，法院查封了他正在使用的尾号为“99999”的手机号，公开拍卖了 48.3 万元用以还款。建立全国联网的社会信用信息记录，健全对失信者的监督曝光和惩罚机制，打造诚信社会，成为公民道德建设的新方向。

这年召开的中国共产党第十八届中央委员会第三次

全体会议，更是厘定全面深化改革方向的重大事件。会议给人们印象最深的，是提出要使市场在资源配置中起决定性作用和更好发挥政府作用，特别是明确了改革的总目标，是完善和发展中国特色社会主义制度，推进国家治理体系和治理能力现代化。这两点都是带有方向性的。

如果说，改革开放初期推进改革的主要障碍是旧的思想观念，那么，这年启动的新一轮改革，更多的困难是来自不同群体的不同利益诉求。如果说，以前的改革是皆大欢喜的普惠式改革，那么，这年启动的新一轮改革的一个重点，就是打破利益固化的藩篱，调整利益分化的格局。对多数社会成员来讲，改革如能受益则容易接受，没有好处就会很漠然，如果利益受损则会反对。今天的改革，难就难在这里。所以叫改革进入“深水区”“攻坚区”。

要实现改革的总目标，零打碎敲调整和碎片化修补不行了，某个领域、某个方面的单向突进也不行了。于是，中央提出经济、政治、文化、社会、生态文明、国防军队、党的建设各个方面 60 项改革任务，同时还推出 330 多项具体的改革举措。

比如,这年首创设立的中国(上海)自由贸易试验区，开始实行负面清单管理模式，将清单以外的投资项目由核准制改为备案制。这样一来，外商投资的空间大大增加了。这年还提出以人为核心的新型城镇化规划，让城市融入大自然，让居民望得见山、看得见水、记得住乡愁，成为城镇建设的新方向。

这年，科技领域一些突破性进展，也昭示出让人欣喜的发展方向。中国自主研制的第一种大型运输机运 -20 首次试飞成功，三年后即正式列装。

嫦娥三号首次软着陆于月球虹湾区域，并和巡视器

9月29日揭牌的中国（上海）自由贸易试验区受到了企业界的热捧。这是10月29日在警航巡逻直升机上拍摄的上海自贸区外高桥集装箱码头。

新华社　供稿

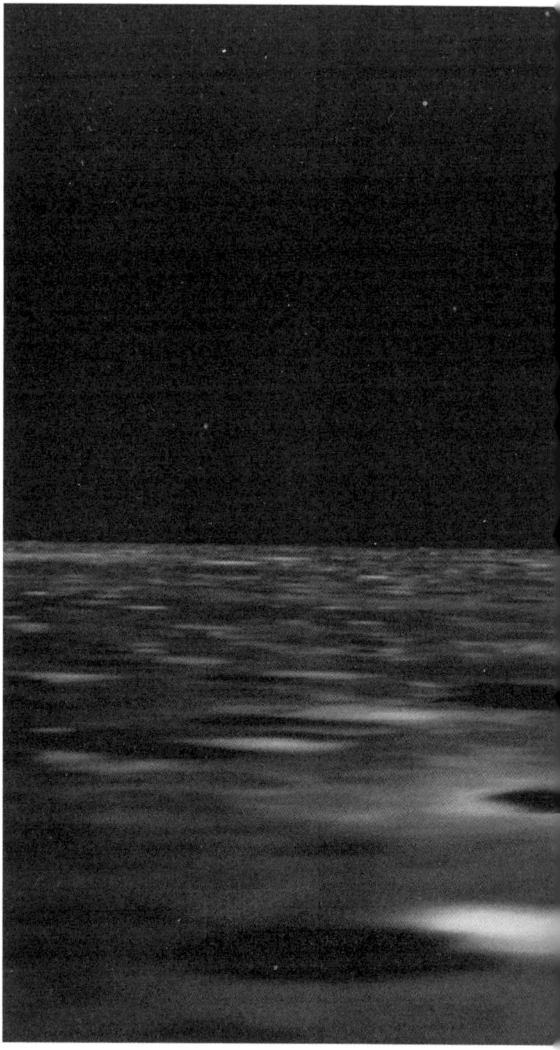

12 月 14 日，嫦娥三号平稳落月，中国首次地外天体软着陆成功。　新华社　供稿

1月26日，我国自主研制的运-20大型运输机首次试飞取得成功。　　周朝荣　摄

"玉兔"互拍成像。这是继1976年苏联"月球24号"之后第一个在月球软着陆的人类探测器。此前搭乘"阿波罗"飞船，在月球上留下人类第一个脚印的美国宇航员阿姆斯特朗，在1988年访问中国时说："人类最早梦想登月的是谁？是一位美丽的中国姑娘。人类最先登上月球的是谁？是一个美国人。"如今，中国自己的"嫦娥""回到"月球踩上脚印的日子不会太远了。

神舟十号载人飞船，这年搭载三名航天员在太空与天宫一号成功实现自动和手动对接。航天员们首次开设了"太空—地面"课堂，并和地面适时互动。电视观众仿佛身临其境，了解到各种物体在失重状态下会发生什么改变，感受到宇宙的神奇魅力。

神舟十号还带回遨游太空15天的各类农作物种子，这些种子被人们播种下地。新的希望在孕育，新的收获在招手，新的梦想在放飞。

2014年

平台与秩序

这年3月，人们关注的热点，是从吉隆坡飞往北京的MH370航班突然“失联”，因为机上239名乘客中多数是中国人。

飞机的下落至今仍然是个谜，事件也因此被冠上了“离弃”的标志。失联或离弃，就是脱开了应有的平台和秩序。

2014年的中国，开始大幅度地构筑各种平台和秩序。

这年的中国，已经有6.3亿网民，12亿手机用户，5亿微博和微信用户，每天信息发送量超过200亿条，全球互联网公司10强中，中国占了4家。中国已经成为名副其实的互联网大国，同时也构筑起了互联网发展的可观平台。

互联网龙头企业阿里巴巴，要开始寻找未来发展的新平台了。这年9月，它登陆美国纽约证券交易所，收盘时市值达2314亿美元，超越美国两大电商巨头亚马逊和亿贝（ebay，也译为电子湾、易贝）的总和。

两个月后，第一届世界互联网大会在浙江的乌镇召开。近100个国家的政要、国际组织代表、著名企业高管、网络精英、专家学者，共1000多人汇聚在千年古镇，商讨关乎人类生产和生活方式变革的未来。乌镇由此成为世界互联网大会的永久会址。中国与世界互联互通的国际平台，国际互联网共享共治的中国平台，就这样搭建起来了。

中国与国际互联网实现“全功能联结”20年了。回首来路，它不断带来新的可能。在技术演进背后的网络自媒体时代，也是泥沙俱下。

过量而疾速的信息流通和分享，让很多人变成“信息转换器”，飞快地抓住一个东西，然后飞快地转发出去，很难再去深刻感受、沉静思考。就像强光能让人变得盲目一样，铺天盖地的信息也可能让人退化，商业利

11 月 19 日，第一届世界互联网大会在浙江乌镇开幕，来自全球近 100 个国家和地区的上千名嘉宾齐聚江南水乡。 新华社 供稿

益制造的潮流将人变成既定的附庸，人们自身反而变得面目模糊。人们沉溺在一个看似无所不知、实则充满遗忘的世界。新热点来了，旧事件马上淡出。人们拼命刷屏，生活在对信息的攫取、遗忘、再攫取的怪圈里。

更有一些专业公司，通过贴吧、论坛、微博、微信等平台，从事网络推手和营销业务，有的甚至组织策划、蓄意炒作“网络事件”以达到牟利的目的；被操纵和炮制的舆论常常覆盖了真实的民意，变成牟利和泄愤的途径；拥有粉丝便拥有了话语权，拥有了变现的资本。

网络平台在这年开始了变化。北京朝阳区人民法院审理的“秦火火”一案，让不少人体会到：再小的个体，也有自己品牌；再变幻的空间，也有相应的规则和秩序。自媒体时代，应该沿着这样的逻辑出发，才能使网络空间清朗起来。

这年，在北京举办的亚太经合组织领导人非正式会议（APEC），是中国外交的一个高品质平台。出席会议的亚太国家和一些地区领导人，看到的是中国提议构建的融合、创新、互联的亚太新平台。在这个新平台上，为促进“一带一路”建设，开拓中亚、西亚市场，中国出资 400 亿美元成立了丝路基金。

这年，随着南海多个岛礁的填海扩建工程初具模样，中国强化了在南海的实际存在，同时也为国际航行提供了优质服务新平台。

中国经济在这年迈上新的平台。名义 GDP 跨过 10 万亿美元大关，但和美国的差距仍然很大。以世界第二大经济体和联合国安理会常任理事国的身份，中国是可以成为影响国际格局的世界性大国的。而中国的想法和做法是，坚持推动构建人类命运共同体。

中国在这年对自己的经济发展有了一个新论断，叫进入“新常态”。新常态意味着新平台，在这个平台上，经济发展从高速增长转向中高速增长，发展方式从规模速度型转向质量效率型，发展动力从主要依靠资源和低成本劳动力等要素投入转向创新驱动。

中国的经济发展，在未来一段时期内，将是“L”型走势。“退一步”是为了“进两步”。对一些经济指标回升，不要喜形于色；对一些经济指标下行，也别惊慌失措。淡定从容地生活在经济发展新常态里，是必备的心理素质。

为主动适应和引领经济发展新常态，这年正式确立三大区域发展战略。这就是“一带一路”合作倡议、京津冀协同发展、长江经济带建设。与此同时，南水北调中线一期工程正式通水。取自湖北丹江口水库的水源，沿京广铁路线西侧北上，到达北京、天津和河北。

大道至简。这年的改革气象，是通过简化平台来构建新的秩序。

南水北调中线一期工程于12月12日正式通水。这是12月1日拍摄的南水北调中线总干渠河南邓州湍河渡槽。 新华社 供稿

天津市成立滨海新区行政审批局，将区属发改委、经济信息委、财政局、环保局等 18 个部门的 216 项审批职责，全部划转到行政审批局，工作人员从 600 人减至 130 多人，废止原用的 109 枚印章，实现“一枚印章管审批”。

印章瘦身的背后是权力的艰难划转与割让。一名叫郭兰胜的年轻人，2008 年在注册自己的餐饮公司时，因不堪忍受艰难烦琐的审批过程，专门找了一家代办公司，用了 20 多天，还花掉六七千块代办费。如今他依靠新的平台和秩序,一天就办下了新办公司的审批手续。

这年开始的户籍制度改革，全面放开建制镇和小城市落户限制，有序放开中等城市落户限制，合理确定大城市落户条件，其目的是引导农业人口有序、合理地向城镇转移,也意味着实行了半个多世纪的“农业”和“非农业”二元户籍管理制度，将逐步退出历史舞台。

图为现由国家博物馆收藏的，天津滨海新区 2014 年在简政放权过程中封存的 109 枚公章。

胡献忠　摄

最大的秩序构建，无疑是部署“全面推进依法治国”。这年的中央全会，专门研究法治问题，这在中国共产党的历史上还是第一次。建设法治中国，现在有了新的路线图。注视这张路线图，人们看到了一些新的现象。

法院的法官和检察院的检察官，开始实行员额制，明确他们要独立办案，谁办案谁负责。如果有人私下打招呼、递条子过问甚至干预案件，都必须如实记录在案。法院改判错案的力度加大，内蒙古自治区高级人民法院对呼格吉勒图故意杀人、流氓罪一案再次判决，宣告呼格吉勒图无罪，国家赔偿也得以落实。公正司法从此有了新的秩序保证。与此同时，公安部实施“猎狐 2014”专项行动，缉捕在逃境外的经济犯罪嫌疑人，先后从 60 个国家和地区抓获外逃经济犯罪人员 428 名。

在国家这个大平台上，这年也有了不少新秩序。中国人民抗日战争胜利纪念日（9 月 3 日）、烈士纪念日（9

月 30 日）、南京大屠杀死难者国家公祭日（12 月 13 日）和国家宪法日（12 月 4 日）相继设立。还有，全国人大常委会释法，就争论不休的香港普选问题做出决定。香港一些人组织“占领中环”的违法聚集活动，受到香港主流民意反对。特区政府依法处理,恢复了社会秩序。

建设法治中国，还有不短的路需要走。不顾法律和政策，遇事就闹的现象屡屡发生。频频出现的“医闹”就很让人头疼。一些基层干部多少患上“恐闹症”，结果陷入小闹小解决，大闹大解决，不闹不解决的怪圈。一些“闹事”的人也确实是出于无奈,正规渠道走不通，不闹的话问题得不到重视和解决。走出这样的困局，还要靠法治国家、法治政府、法治社会的一体建设，以积累起定纷止争的平台和秩序。

2015 年

布局

这年是中国人民抗日战争暨世界反法西斯战争胜利70周年。9月3日那天，通过天安门广场的阅兵方阵，展示出令人耳目一新的布局：第一次组织抗战老兵方队参阅，第一次安排将军担任领队受阅，第一次邀请外军方队参加阅兵。

习近平这天宣布，中国将裁减军队员额30万。随后，行进在强军路上的人民军队，开始了一场整体性、革命性的改革布局。这场布局的原则是，军委管总、战区主战、军种主建。

2015年的中国，在发展上开始了新的布局。

9月3日，中国人民抗日战争暨世界反法西斯战争胜利70周年纪念大会在北京隆重举行。这是抗战老兵乘车方队通过天安门广场。 新华社 供稿中国企业走出去并购海外公司，在这年走向高潮。全年实施的海外并购项目达到593个，累计交易金额410亿美元。雄心勃勃大把撒钱背后，也有些隐忧。有的企业在国内并非实力十足，爽约也就难免；一些曾受到高度关注的交易，也无果而终。企业家们开始做明智调整，思谋更加周密的海外发展战略布局。

房地产市场依然故我地迅猛发展着。在一线城市，十万元一平方米的房子比比皆是，一些上市公司的年利润，甚至不足以在一线城市买一套像样的房子。其可能存在的泡沫一直让人心惊胆战。没有买房的人期盼着房价下跌，已经买房的人期盼着房价继续上涨。多年来楼市几经调控，反而一路上扬，促使人们思考着新的谋篇布局。

让人揪心的不光是房地产市场。这年旅游旺季，青岛一家饭店的大虾卖 38 元一只，云南导游嫌游客不愿购物出言不逊……这些都成为舆论的抨击对象。位于天津滨海新区的天津东疆保税港区瑞海国际物流有限公司所属危险品仓库发生爆炸，导致 165 人遇难，8 人失联。数十米高的蘑菇云成为天津人心中无法磨灭的印记。

让更多人惊心动魄的，是 A 股市场罕见的大起大落。上证指数从 3000 点附近一路攀升到 5178 点新高，随即急速逆转，直线下跌，沪深两市市值蒸发了 24.5 万亿元。

中国的发展确实应该明确新思路、新布局了。

这年召开的中国共产党第十八届中央委员会第五次全体会议，有了答案。答案是，牢固树立、切实贯彻创新、协调、绿色、开放、共享的新发展理念，是关系中国发展全局的一场深刻变革。在此之前，中央还提出全面建成小康社会、全面深化改革、全面依法治国、全面从严治党的战略布局。

在协调推进“四个全面”战略布局，落实新发展理念的实践行程中，2015 年的中国，新招频频。

为开创“大众创业，万众创新”的新局面，全国范围内实施了一个叫“互联网 +”的行动计划。通俗地讲，“互联网 +”就是“互联网 + 各种传统行业”。“+”的含义是跨界融合，发挥互联网在生产要素配置中的优化和集成作用，实现创新驱动，提升实体经济的创新力和生产力。本来是代指一种新兴经济形态的“互联网 +”，成为这年的十大流行语之一。

在新布局中，有一位叫王兴的青年人创立的团购网站，终于脱颖而出，成为团购网站的佼佼者。王兴自称是“最倒霉的连续创业者”。从 2003 年中断美国的博士课程回国创业起，他和他的团队，以平均每两个月淘汰一个创业项目的节奏，不断试错、摸索。去年创办的美团网，在今年终成大气。

这年社会人口的大布局，是改变实行 30 多年的“只生一个好”的生育政策，明确一对夫妇可生育两个孩子。

中国的人口出生率在 1987 年达到高峰后，一路下滑。劳动力人口在 2012 年出现拐点，新增劳动力人口开始逐年减少。中国发展的“人口红利”逐步消失，老龄化社会则确确实实地到来了。全面放开二孩生育的新布局，将使人们可以自由选择更好的家庭模式，进而为社会发展创造更多的活力，已是不争的事实。

布局的要旨，在坚持以人民为中心，补齐发展中的

中国共产党第十八届中央委员会第五次全体会议决定：坚持计划生育的基本国策，全面实施一对夫妇可生育两个孩子政策。 视觉中国 供稿

短板。

短板在何处？在农村。

于是，新一轮农村土地制度改革开始了试点布局，重点是推行土地所有权、承包权、经营权三权分置并行。也就是说，土地所有权归集体，把归于农户的承包经营权分为承包权和经营权，在所有权和承包权不变的情况下，土地经营权可以转让，可以用于抵押和担保。这就为鼓励资本进入农村，扩大农民承包地的经济效能，创造乡村发展振兴的新局面，准备了条件。

与此同时，扶贫攻坚战在这年打得轰轰烈烈。几乎所有的机关事业单位和国有企业都被动员起来，选派干部到贫困村去担任党支部第一书记，当地干部也“一对一”地明确了帮扶对象，对贫困县的党政一把手，则要求他们全县不脱贫摘帽，就不能调走。

打赢这场扶贫攻坚战，关键在“精准”。谁家是贫

玉木耳筑起安徽六安山村精准扶贫路。 视觉中国　供稿

困户，要算出细账，不能马虎；在贫困地区上马的扶贫项目，要因地制宜，符合实际；扶贫资金的使用，要有效果，不是把钱花下去就不管了；派往贫困村的干部，要真能够发挥作用；脱贫成效如何，也要精准核算。

至于脱贫的途径，也做了设计。布局是：通过发展生产，例如搞特色产品或乡村旅游等来脱贫；如果环境恶劣、资源奇缺，索性就让村民搬迁到条件比较好的地方去；属于自然保护地带的贫困村，则给他们相应的生态补偿；改善教育条件，加大技能培训，给贫困地区的人们出外挣钱创造条件；最后，实在是因为缺少劳动力或因病致贫的，就靠社会保障来兜底。

土生土长的中国科学家屠呦呦，因为几十年前创制抗疟药青蒿素和双氢青蒿素的贡献，在这年获得诺贝尔生理学或医学奖。曾经为提取青蒿素而“尝百草”的她，在瑞典卡罗林斯卡医学院用中文发表题为《青蒿素的发

12 月 10 日，中国科学家屠呦呦（左）荣获诺贝尔生理学或医学奖。　　视觉中国　供稿

现：传统中医献给世界的礼物》的主题演讲，传达出满满的正能量。与此同时，一个影视明星耗资亿元的豪华婚礼，却吸引了更多人的眼球，着实让人唏嘘不已。

看来，中国的发展，也需要有新的精神布局。

“多少年的追寻，多少次的叩问，乡愁是一碗水，乡愁是一杯酒，乡愁是一朵云，乡愁是一生情。”中央电视台这年播出的系列片《记住乡愁》，很像是一次精神布局。它记录的是乡愁故事，传达的是不同村落里讲仁爱、倡忠孝、重和睦、守诚信、崇道义、尚勤俭、爱自然等这样一些民风民俗，目的是让观众感受中华民族的文化基因和家国情怀。

2016年

“诗和远方”

一位音乐人这年写下这样的歌词：“生活不止眼前的苟且，还有诗和远方的田野。你赤手空拳来到人世间，为找到那片海不顾一切。”

“诗和远方”，顿时爆红网络。用它来比喻 2016 年的中国，在意蕴上不算离谱。

这年1月，全球首个由中国倡议设立的多边金融机构亚洲基础设施投资银行，正式开业。中国经济扇动起金融新翅膀，将飞得更远。9月，在杭州举办的二十国集团（G20）领导人峰会，以“构建创新、活力、联动、包容的世界经济”为主题，意在为全球经济治理贡献“大家一起走，才能走得更远”的可行愿景。

奔向远方的中国奇迹，在这年轮番上演：中国首枚大型运载火箭长征五号实现首飞；天宫二号和神舟十一号载人飞行任务圆满完成；由中国科学家自主研制的世界首颗量子科学实验卫星“墨子号”飞入太空;有着“超级天眼”之称的500米口径球面射电望远镜，在贵州省平塘县的喀斯特洼坑中落成启用，开始接收来自宇宙深处远得不能再远的电磁波。

只要心中有“诗和远方”,日子就会过出味道。于是，社交娱乐、资讯阅读、网络购物、旅游攻略、美食烹饪、健身跑步、讲座课程，只要在手机上加载商业应用的各款APP，这些都能帮你实现。人们的生活开始变得方便快捷、多姿多彩。

远方并不再远，有时候它就近在眼前。

在一些城市的大街小巷，这年突然冒出红、黄、蓝等颜色鲜艳的自行车。人们只要在手机上打开APP，扫码开锁骑上就可以走。这实际上是一种分时租赁的经营模式,目的是解决人们出行时常常遭遇的“最后一公里”

位于贵州的被称为“超级天眼”的世界最大的射电望远镜。　　新华社　供稿

难题，价格便宜，人们称之为“共享单车”。

遗憾的是，也有人把共享单车搬回去当私车用，人为损坏的单车在有的地方堆积如山。看来，任何经营模式的创新，都要经受阵痛，同时也勾勒出一座城市或某个人群的性格剪影。心中没有“诗意”，即使有“共享”美名，也骑不到“远方”。有的企业为占据更大市场，超量投放单车，难免使单车闲置或占用太多公共场地。这样的竞争，注定会经历潮起潮落的坎坷。

与共享单车相似的，还有滴滴出行，再加上共享民宿（小猪短租）、共享服装（衣二三）、共享办公空间等，共享经济几乎覆盖了衣食住行各个领域。

“共享经济”随即成为这年的时髦话题。所谓共享经济，主要是借助互联网第三方平台，将供给方闲置或存量资源使用权暂时转移给需求方，从而为双方创造价值。

共享经济是一种新业态。它的出现，与此前提出的供给侧结构性改革有关。

人们还记得，这两年到日本旅游的不少人，花高价买回一些马桶盖，引来一阵惊疑。其实这恰恰反映了国内的有效供给不足，人们只好到“远方”购买。提出供给侧结构性改革，意在刺激各种有针对性的有效供给，以拓展新市场、满足人们的新需求。

这年 11 月 15 日出现了这样一个场景：一架携带十余公斤重包裹的无人机，从成都郫县鹃城站起飞，8 分钟后抵达德源镇永光村，在离地 1 米处悬停并自动卸货后，又返航而去。京东商城就此完成了西南地区首单无人机配送业务。无人机当“快递小哥”，让人们体验到什么是来自“远方”的快捷服务。

互联网上的各种直播平台这年也火了起来，用户人数达 3 亿，市场规模达 150 亿元。十多年前不少喜欢唱

承担配送业务的无人机。　　视觉中国　供稿

歌的年轻人想当“超女”“快男”；如今不少想表达自我的人，把开直播当“网红”看成是“诗和远方”。还有，因为提倡“厕所革命”，洁具市场迅猛增长，其中，配有内置式坐浴和其他功能的高端马桶尤其受欢迎。人们的消费目光逐渐被从“远方”拉回到了近处。

塑造“诗和远方”经济业态和现实生活，需要精益求精的“工匠精神”。做电饭煲的，能让煮出来的饭粒晶莹不黏锅；做吹风机的，能让头发吹得干爽柔滑；做菜刀的，能让主妇手起刀落，轻松省力；做保温杯的，能让出行者在雪地中喝到一口热水。这样的极致“匠心”，或许便是一种苦吟的“诗心”。

现实中的“诗和远方”有时候也让人五味杂陈。

这年夏天，考取南京邮电大学的山东临沂应届高中毕业生徐玉玉，因为被骗 9900 元而伤心欲绝以致猝死。人们发现，自己在互联网上赶向远方的时候，原来一直是在“裸奔”。你的个人信息都被互联网一一“记录在案”，由此产生电信诈骗这颗社会毒瘤。为切除它，这年的头10个月，公安部门便打掉将近7000个电信网络诈骗团伙。

为了耕种好党员干部心中那片“诗和远方”，这年召开的中国共产党第十八届中央委员会第六次全体会议，总结几年来全面从严治党的新鲜经验，通过了《关于新形势下党内政治生活的若干准则》。在这个《准则》里，“不准”“决不允许”这样的字眼有50多处。

这些年，通过体制手段的创新，反腐风暴持续吹刮，落马官员在数量上不断刷新纪录。每拿下一个省部级乃至副国级腐败分子，相应的资料也会面向全社会公布，很多贪腐细节，令世人震惊。一个个具体事例向人们诠释了什么是党员干部千万不能触碰的“高压线”。犯事的人谁都不要心存侥幸,没犯事的人谁都不能放松要求。

这年，在纪念长征胜利 80 周年和庆祝中国共产党成立 95 周年两次大会上，习近平说到：每一代人有每一代人的长征路，每一代人都要走好自己的长征路。要不忘初心，继续前进，走得再远、走到再光辉的未来，也不能忘记为什么出发。

这，大概就是诗和远方的真谛所在。

2017年

为新时代作注

中国这年的GDP达到12.24万亿美元，经济规模是美国的63.28%，大约是日本、德国、英国的GDP之和，还是世界第一大出口国和第二大进口国。中国对世界经济增长的贡献率，已连续5年保持在30%左右，居世界第一位。

这种局面揭示的，是一种鲜活而宏大的历史进程：中国用几十年的时间走过西方发达国家几百年经历的现代化历程，实现了从落后时代到大踏步赶上时代，进而在某些方面开始引领时代的跨越。

如果只能用一个词来概括2017年的中国，“新时代”可能是很多人的选择。

这年召开的中国共产党第十九次全国代表大会，宣布中国特色社会主义进入新时代，并确立习近平新时代中国特色社会主义思想为党的行动指南和长期坚持的指导思想。

新时代由此成为中国所处历史方位的主题词。

国际上有个专门的代际术语，叫“千禧一代”，指的是那些生于 20 世纪末，在跨入 21 世纪后陆续成年的一代。到这年，千禧一代都成年了。在中国，这代人大多属于独生子女，伴随着电脑和互联网长大，比上一代人更充满个性，更喜欢直率地表达诉求，有灵活的头脑，并娴熟地使用高科技产品来延伸自己的能力。他们事实上已成为改革发展的中坚力量。

千禧一代走在了时代前列，这何尝不是新时代的降临呢？千禧一代的父母，属于50后的那代人，大多都退休了。他们曾经是工人、农民、军人，是下乡知青或待业青年，是改革开放初期为数不多的大学生，是穿着迷彩服在城市里干各种活计的农民工，是摆摊开店的个体户，是大小企业的创业者或下岗职工，是曾经豪情满怀“指点江山”的机关干部或知识分子……

这代人，不寻常。他们从贫困迈向小康，感受到的科技进步最快，驻足的观念“驿站”最多，经历的社会变化最显著，实现的生活跨越最大。小时候，他们推铁环，跳橡皮筋，脑子里装的是“楼上楼下，电灯电话”的梦想。现在，他们老了，虽然有些抱怨，但真心热衷于照看孩子的孩子，或者在广场跳舞、在公园唱歌、在街边下象棋、在风景名胜旅游。他们尤其喜欢在朋友圈发微信，不厌其烦地给儿女转发来路不明、标题吓人的养生信息,以及一些“心灵鸡汤”类文字,搞得儿女不胜其烦。

他们曾经勤奋地创造了一个时代，如今很希望在余下的日子里活出“新时代的味道”。

新时代的味道，最应该弥漫在老百姓的生活当中。

中国社会消费品零售总额，这年达到 36.6 万亿元，连续 14 年保持两位数增长。社会消费越来越成为经济增长的主要拉动力。

消费时代带来的，自然是花样翻新。这年，中国各地举办的马拉松赛事，仅在中国田协注册的，就从 2011 年的 22 场，暴增到惊人的 1120 场，覆盖全国 31 个省区市的 234 个城市，参赛人次近 500 万。看来，跑

9月24日，首届雄安马拉松赛在雄安新区鸣枪开跑。　　新华社　供稿

步不仅是为了健康，也开始成为人们的一种生活方式。

这年上映的电影《战狼2》，票房收入达到56.8亿元，创下1994年有准确票房统计以来的最高纪录。支撑这个票房纪录的，是真实的撤侨背景、激荡的爱国情怀、个人英雄主义的浪漫元素。看来，成为新时代注脚的，还有中国人精神消费的变化。

这年10月，改革开放后第一代民营企业家指标性人物鲁冠球去世了。在最后的时光,他对接班的儿子说："这辈子我够了。"

鲁冠球这辈子，确实足够精彩。1984年，他就把自己创办的万向企业生产的万向节（即万向接头，一种工业零配件）卖到了美国。10年后，又在美国成立了公司，没过几年销售额便达到20亿美元。如今，美国的三辆汽车中，就有一辆车上有万向集团生产的零部件。这也使得鲁冠球成为中国领导人访美经贸团的常客，创造了四年三度随国家领导人出访的纪录。

正是因为有了鲁冠球这样一大批民营企业家的精彩人生，才有了新时代中国民营经济的精彩风景。

到 2017 年，民营经济给国家贡献着 50% 以上的税收，60% 以上的国内生产总值，70% 以上的技术创新成果，80% 以上的城镇劳动就业人口，90% 以上的企业数量。民营企业撑起的何止是国民经济的“半壁江山”？

这里面，不知蕴含着多少企业的精彩故事，多少创业者的精彩人生。在新时代，已经有将近 1 亿家民营企业和个体工商户，他们机制灵活、贴近市场，抓住创新创业、转型升级的机遇发展了自己。比如，当前，中国有超过 200 万人的快递“大军”，有超过 2000 万人的微商从业队伍。

出国留学人数在这年首次突破 60 万大关，持续保持世界最大留学生生源国地位。留学回国人员也在这年达到 48.09 万人。在新时代，越来越多的出国留学者，愿意成为回国寻找发展机会的“追梦人”。

新时代的中国，常住人口城镇化率已经达到 58.25%，每年有超过 1000 万的农村居民市民化，有 2.8 亿农民工成为产业工人的重要组成部分。

创新创业、人口转移的背后，是寻求新的发展机会，创造新的人生精彩。这当然也是新时代的一个重要注脚。

新时代的中国，还有一个理论注脚。这就是，新时代的社会主要矛盾，已经从“人民日益增长的物质文化需要同落后的社会生产之间的矛盾”，转化为“人民日益增长的美好生活需要和不平衡不充分的发展之间的矛盾”。

打扶贫攻坚战，就是为了解决这个矛盾。

这年，江西省井冈山市、河南省兰考县等 28 个贫困县脱贫“摘帽”，其中便包括习近平 2013 年考察过的湖南十八洞村。全村这年的人均年纯收入，从 2013 年的 1688 元增长到了 10180 元。村里整合周边自然景观，发展起了乡村旅游。有企业还在村里投资生产出了名为“十八洞”的矿泉水。全村户户通了自来水，无线网络也全面覆盖，村里还有提款机、中国邮政服务点。

这年，时速 350 公里的“复兴号”高铁列车开始运营，在广袤的大地上为新时代添画出别致的符号。2017 年，中国高铁延长到 2.2 万公里，占世界高速铁路运营总里程 60% 以上。“四纵”（北京到哈尔滨、上海、香港，杭州到福州）、“四横”（徐州到兰州、上海到昆明、上海到成都、青岛到太原）高铁网基本成型，中国成为目前世界上唯一高铁成网运行的国家。

进入“高铁时代”的中国，压缩了城市间的时空距离，让老百姓体验到新时代经济动脉所焕发出的无限活力。

不少具有划时代意义的科技创新成果和重大工程建设成就在这年井喷式涌现。

8 月 21 日，从北京南开往天津的 C2001 次“复兴号”中国标准动车组驶入天津市区。

新华社　供稿

世界首台光量子计算机原型在中国诞生，国产大飞机 C919 实现首飞,在南海成功试采“超级能源”可燃冰，世界上穿越沙漠戈壁里程最长的高速公路京新公路（北京—新疆）全线贯通，世界首条量子保密通信干线“京沪干线”开通，中国第二艘也是首艘由中国自主设计建造的航空母舰下水……

“大国崛起”，或许是新时代中国最直白的注脚。

这年，还推出一项划时代的举措——在河北省设立雄安新区。这个新区的建设，被定为千年大计，不能一蹴而就，但它多少是新时代中国走向未来的一个注脚。

进入新时代的中国共产党，自身建设的风景颇为可观。在这年召开中国共产党第十九次全国代表大会的时候，人们读到这样一组数据。5 年来，立案审查的省部级和部队军级以上干部,以及其他中管干部多达 440 人；纪律处分厅局级领导干部 8900 多人；处分县处级干部

6.3 万多人；处分村党支部书记和村主任 5.8 万人。全国市、县、乡换届中，有 9300 多名干部因为审查不过关被拦了下来。

这组数据背后，关联着新时代中国人的信心。一部叫《人民的名义》的电视剧，在这年异常“火爆”。这部大尺度聚焦反腐败的作品，实际上是对新时代党的建设成就和中国人的信心，作了一个艺术化的注脚。

为新时代中国的国际身影作注脚的，是这年在北京举行的“一带一路”国际合作高峰论坛。

从 2013 年提出“一带一路”合作倡议以来，中国已与 100 多个国家和国际组织签署共建“一带一路”合作文件，其中多边或双边自由贸易协定有 16 个。中外经贸领域的自由化水平大幅度提高。“一带一路”已经从理念转化为行动，从愿景变为现实。从曾经的驼铃阵阵、舳舻千里，到如今的列车风驰、巨轮劈波，“一带

图为江苏连云港新亚欧大陆桥东端起点，连云港也因此成为“一带一路”重要出海口。

新华社　供稿

一路”之所以展现出强大吸引力和感召力，不仅是因为赓续千年的丝路精神，更在于共商共建共享的原则和互利共赢的收获。

这年11月11日出版的德国《明镜》周刊，在其封面文章中说：“中国崛起正在改变世界”，而“我们短暂的注意力被浪费在了每天关注白宫最新发生的尴尬事件上，这妨碍了我们看到源自中国的划时代的转移”。

两天后出版的美国《时代》周刊，封面文章叫《中国经济是如何做好赢得未来的准备的》。文章说，5年前西方预言，中国一定会按照西方的理念改革，否则无法在全球自由市场中生存，“如今，中国的政治和经济制度已经更为完善，甚至可能比美国的制度更具可持续性”。

这算不算来自西方舆论的，对新时代中国作的一个注脚呢？

2018年

“大的样子”

这年，中国共产党已经有8900多万名党员，这相当于整个德国的人口。其规模和事业之宏大，在全世界绝无仅有。

习近平说，“大要有大的样子”。中国共产党“大的样子”，就是肩负为中国人民谋幸福、为中华民族谋复兴的大使命、大担当，面临各种挑战、风险和难关，有大作为、大定力。

40年的改革开放，让将近14亿人口的中国，成为综合国力排在世界前列的大国。

大国，自然也要有“大的样子”。

围绕“大的样子”，2018 年的中国开始算账了。

这年 10 月，中国算了两笔大账。

国务院第一次向全国人大常委会报告国有资产的家底：2017 年，包括企业国有资产（不含金融企业）、金融企业国有资产、行政事业性国有资产在内，全国国有资产总额为 454.5 万亿元。这当中，全国国有企业（不含金融企业）资产总额为 183.5 万亿元，国有金融企业资产总额为 241 万亿元。

中国的国有企业，主要集中在涉及国家安全行业、自然垄断行业、重要公共产品和服务行业，也包括支柱产业和高新技术产业的重要骨干企业。新时代以来，中国毫不动摇地巩固和发展公有制经济，推行公有制多种实现形式，发展混合所有制经济，推进国有企业改革，完善现代企业制度和国有资产管理体制，使国有企业在社会主义市场经济大海中,越来越能够经受风暴的考验，为满足重大国计民生需求，发挥了重要作用。

这年，中国算的第二笔大账是，国务院扶贫办宣布，陕西延长县等 85 个贫困县（市、区）摘掉贫困帽子。打响脱贫攻坚战以来，脱贫摘帽县总数达到 153 个。预计到年底，全国将有一半的贫困县实现脱贫。改革开放以来，中国的贫困人口累计减少 7.4 亿人，贫困发生率下降 94.4 个百分点，是世界上减贫人口最多的国家。

还有一组数据，反映了社会模样和人民生活的跃进

青海省海西州率先在中国藏区实现整体脱贫，图为青海省海西州格尔木市农民晾晒枸杞。

视觉中国　供稿

式变迁。

从 1978 年到 2017 年，国内生产总值从 3679 亿元增加到 827122 亿元，全国城镇人均可支配收入由 343 元增加到 36396 元，农村居民人均纯收入由 134 元增加到 13432 元。基本医疗保险、社会养老保险从无到有，分别覆盖 13.5 亿人、9 亿多人。城乡免费义务教育全面实现，高校毕业生人数从 1978 年的 16.5 万增长到 2017 年的 820 万。

不是专业的读者，以上数据可忽略不看。但应记住的是，枯燥的数据，事实上是对“大的样子”的一个准确浓缩。

“大的样子”，从何而来？

“大的样子”，来自改革。2018 年给人们印象很深的改革，是从中央到地方，各级党政机构和事业单位，雷厉风行地开始了重塑性改革。不少机构或撤销或合并或转隶，人们熟悉的国家工商行政管理总局没有了，以前没有听说过的退役军人事务部、应急管理部出现了。工作岗位的进退留转，涉及的公务员就更多了。

与此同时，建立企业职工基本养老保险金的中央调剂制度，使全国统筹养老保险迈出坚实一步；为适应新兴经济业态，新设了上海金融法院，北京知识产权法院，北京、广州互联网法院等；个人所得税的起征点，也从3500元提高到了5000元。考虑到不同纳税人的家庭实际生活负担不同，国家还从子女教育、大病医疗、赡养老人、住房贷款利息和租金等项支出中，扣除相应的数额后再征个人所得税。

这些新的制度设计，有助于促进国家治理体系和治理能力的现代化。改革，必然要经历从激烈博弈到逐步均衡的过程。中国的发展难题很多，但并非无解。只有通过改革，才能破解难题，释放活力，进一步成就中国

“大的样子”。

企业家的成长，民营经济的发展，对于构筑中国“大的样子”，功不可没。

但民营经济的发展这两年遇到的困难有目共睹，有人比喻，是被“市场的冰山”“融资的高山”“转型的火山”这“三座大山”挡住了去路。具体而言，主要是：内外市场环境发生了变化、产业转型和环保要求升级、土地人力叠加成本上升、债务压力陡增而融资支持偏弱，等等。这其中有客观原因，也有包括政策落实不到位在内的主观原因。

习近平在这年 11 月 1 日专门主持召开民营企业座谈会，明确提出 6 条具体举措，来帮助民营经济跨越“三座大山”。他说，“民营企业和民营企业家是自己人”，因此，民营经济“只能壮大、不能弱化”。毫不动摇地鼓励支持引导非公有制经济的发展，是不会变也不能变的制度设计。

“大的样子”，来自既“引进来”又“走出去”，与世界经济发展潮流深度融合的开放国策。

这年的中国，拥有特别的开放气度。

首先呈现在人们眼前的，是中国升级版的开放版图。从5年前创设上海自由贸易试验区，到这年已经设立了12个自由贸易试验区。上海、广东、福建、天津、浙江、辽宁自贸区，串起了沿海开放的新窗口；河南、湖北、重庆、四川、陕西自贸区，塑造着内陆开放的新高地；而海南岛全岛开放，设置自由贸易港政策和制度体系，将释放出高水平制度创新带来的“开放红利”。

这年公布的外商投资准入的“负面清单”，比此前的63条减少了15条，在22个领域大幅度放宽外商投资准入，外资进入银行、证券、电网和铁路干线路网建设等限制将逐步取消。许多进口商品，包括人们关注的进口汽车，也大幅度降低了关税。

2018年的世界贸易，危机四伏。面对美国贸易保护主义的进攻，中国这年11月在上海举办了国际进口博览会，带给世界一阵惊喜。有80多个国家和国际组织参与了国家展，130多个国家的3000多家企业参与了企业展。

在世界经济史上，还没有哪一个国家独立举办过以进口为主题的博览会。人们大都认为，贸易出口能更好地带动本国经济，而进口则要担当责任，要有能力、有市场、有国民的消费需求。中国举办如此大规模的进口博览会，不仅为外国产品进入中国搭建了重要平台，也为世界各国开展全球贸易提供了新的选择，体现了维护贸易自由和经济全球化的大国担当，以及“大的样子”。

再看看“走出去”的风景。

“一带一路”建设，是中国“大的样子”在世界经济舞台上投下的身影。

中国同“一带一路”相关国家的货物贸易额，已累计超过5万亿美元，对外直接投资超过600亿美元，先后在“一带一路”沿线国家建设了82个经贸开发区，为当地创造超过24亿美元的税收和20多万个就业岗位。引人注目的中欧班列累计开行超过1.1万列，通达欧洲15个国家44个城市。一大批重点合作项目受到关注：中巴经济走廊、瓜达尔港、中泰铁路、匈塞铁路、雅万高铁……

有人批评说，中国在非洲投资建设，扮演着后殖民霸权角色。

事情果真如此？作为“一带一路”建设组成部分，中国帮助肯尼亚修建了全长470公里的铁路。在首都内罗毕到港口城市蒙巴萨列车的始发仪式上，肯尼亚总统肯雅塔说：“100年前英国人创造了历史，他们在这个国家搞殖民，修了一条哪也去不了的铁路，被称作‘疯狂快线’……今天我们庆祝的绝不是‘疯狂快线’，而是将塑造肯尼亚未来100年的‘马达拉卡快线’。”“马达拉卡”在斯瓦希里语中是“自由”的意思。

共建“一带一路”的倡议，源于中国，但机会和成果属于世界。中国不打地缘博弈的小算盘，不搞封闭排他的小圈子，不做凌驾于人的强买强卖。这是“大的样子”的本来气度。

成就中国之大的，还有科技这个“第一生产力”，人才这个“第一资源”。

这年，除北京、上海、广州、深圳早已占据人才优势外，南京、武汉、成都、天津、西安、长沙、海南等地，纷纷出台力度空前的措施吸引人才。于是，从送户口、送房补，到发放高额专项补贴、免费租借办公区、提供永久居留权，“抢人大战”，盛况空前。最后，连上海、

SECTION 7
RB

当地时间 6 月 23 日，肯尼亚内罗毕，由中国承建的肯尼亚“内马铁路”项目一期工程全面铺开。　　视觉中国　供稿

北京这样的特大城市，也坐不住了。为了扭转人才“逆差”趋势，上海对北京大学、清华大学的毕业生，也使出了送户口的“撒手锏”，一时引来社会舆论的议论纷纷。

互联网的发展，是中国“大的样子”的重要标志。这些年来，互联网领域总是不断上演着变局大戏，看谁能够始终挺立潮头去创新，把自己做大。

这年第二季度，中国的华为超越苹果，成为全球第二大智能手机厂商。与此同时，一批全新社交媒体的崛起，开始挑战微博、微信等老牌社交媒体的“江湖地位”。诸如做内容分发的“今日头条”、短视频APP“抖音”和“快手”、网络直播平台“虎牙”和“映客”等。这些“小巨头”强势增长，市值向数十亿美元乃至百亿美元的关口挺进。

互联网领域这年很重要的创新，是用于创建去中心化数据库的“区块链技术”。因具备分布式、防篡改等特性，区块链技术已逐步被应用于数字资产、物流信息、法务存证、支付清算等各个行业。这年 3 月，区块链公司数量已达 456 家。有人说，区块链技术将给人们在网络上处理信息的方式带来变革。

“刷脸”走进无人超市，对着商品微笑就能打折；复杂的病症摸不着头脑，远程语音问诊帮你推荐就诊科室；来到智慧餐厅，只需扫码，就会有机器人端来饭菜……在这年 11 月浙江省桐乡市乌镇举办的第五届世界互联网大会上，互联网、大数据、人工智能等现代信息技术不断取得突破，让人感叹，数字经济已经深入社会生活的方方面面。世界同行们从乌镇再出发，共议“创造互信共治的数字世界”，商讨“携手共建网络空间命运共同体”的全球方案。

共建网络空间命运共同体还不够。这年 12 月 8 日，中国的嫦娥四号探测器，肩负更大的“宇宙空间共同体”

的探测使命，从西昌卫星发射中心出发，拉开人类首次月球背面软着陆巡视探测的大幕。

2018 年的中国，大还大在对港澳台地区的包容性发展。

为使港澳台同胞共享国家发展机遇，国务院办公厅印发《港澳台居民居住证申领发放办法》，并于 9 月 1 日正式实施。这三个地区在内地（大陆）学习、创业、就业和生活的，符合条件的，可以申请办理港澳台居民居住证。有了这个居住证，在内地（大陆）可以依法享受劳动就业、参加社会保险、缴存提取和使用住房公积金等。在日常生活中，还能实现与内地（大陆）居民身份证的无差别体验，比如，可以在网上直接刷取预订的火车票或飞机票。在北京创业、就业的台湾青年，符合条件的还可以申请公共租赁住房。

也是 9 月，广深港高铁香港段正式运营。从九龙到深圳，车程只需 19 分钟。香港网友说，屁股还没有坐热，就到内地了。如果再乘车北上，也只需要 9 个小时，便到了北京。

进入 10 月，又一项“世纪工程”，全长 55 公里的港珠澳大桥全线开通运营。一直以来，珠江西岸与香港之间因伶仃洋（没错，正是文天祥写过“惶恐滩头说惶恐，零丁洋里叹零丁。人生自古谁无死，留取丹心照汗青”的那个“零丁”）相隔，缺少直接的陆路通道。摊开新版珠江三角洲区域地图，港珠澳大桥的出现，打通了粤港澳大湾区的道路交通网。香港到珠海、澳门的车程由 3 小时缩短到 45 分钟左右，使这片拥有 6000 万人口的土地，形成了“一小时生活圈和工作圈”，为粤港澳大湾区更具活力的发展打开了无限可能。

有人说，港珠澳大桥是桥梁建设中的“珠穆朗玛峰”，有人说它是“现代世界七大工程奇迹”之一。“它就像

10 月 23 日上午，港珠澳大桥开通仪式在广东珠海举行。碧波之上，一桥飞架香港、澳门、珠海三地，以气贯长虹的“中国跨度”、飞越沧海百年的历史风云，展现当代中国的雄健风采。

中新社　供稿

一条巨龙，漂浮在海面之上，画出一个优雅的弧形，超出人类的想象力。”德国《世界报》对港珠澳大桥的报道，更像一段散文诗。而中国人则把它比作圆梦桥、同心桥、自信桥、复兴桥。

“有华人的地方，就有金庸的武侠。”在港珠澳大桥通车不久，金庸的去世，唤起几代人的文化记忆。金庸在现代阅读氛围中，把武术、武德、武林与哲学、历史、政治，以及侦探、爱情融为一体，创造了一个有血有肉的江湖，一群有情有义的侠客，彰显了一种有担当有家国情怀的价值观。他的小说风靡全球华人，被拍成100多部影视作品，连邓小平也是一个“金庸迷”。

网友们说，“江湖已远，侠义永存”;而“侠之大者，为国为民”。

中国“大的样子”，也是靠不断提升的文明素质构筑起来的。

这年初春，生活在北京的一个出版社编辑，在地铁上偶然发现一名青年在读一本《禅与摩托车维修艺术》，顺手拍下了他读书的照片。此后4个多月时间里，她在上下班的地铁上，陆续拍下百余位读者。媒体报道了她的“地铁上的读书人”系列，被争相转载。有老人在拿着放大镜看太宰治的《斜阳》，有大腹便便的中年男子在读《文明的冲突与世界秩序的重建》，还有“愣头青”用电子阅读器读《毛泽东传》。

明星演员的畸高片酬，以及连带牵扯出来的是否如实纳税的问题，因为一名大学教授的爆料，在这年成为广泛的社会话题。

凑巧的是，这年7月，总投资达7.5亿元的“大片”《阿修罗》，刚上映两天就宣布撤档，原因是舆论对它的评价十分负面。作为魔幻片，它充满特效、IP、明星、玄幻、奇观等时髦元素，但就是没有跨过“讲故事”的基本关口。

看来，想靠一两个明星带动票房，或者指望某个新奇元素创造奇迹的电影时代，即将过去。中国观众对电影内容的识别能力在增强，文化和审美品位在提高。他们爱看接中国人地气的作品，好莱坞电影在中国电影市场上，也难再有曾经的魔力。

到这年 7 月，中国内地上映的票房超过 30 亿的 6 部影片，全部是国产片。排在首位的《我不是药神》，讲述的是一个小药店老板从印度走私仿制药，销售给中国癌症患者的故事。恰巧，从这年 5 月 1 日起，中国实际进口的全部抗癌药品，实现了零关税。这对癌症患者来说，真是个天大的好消息。

推动构建人类命运共同体，做全球治理变革进程的参与者、推动者和引领者，并且信守条约承诺，成就了中国“大的样子”。

国际交往离不开条约和协定。目前所知世界上最早的条约，是公元前1296年埃及法老与赫梯国王订立的同盟条约。1648年的《威斯特伐利亚和约》确立了国家主权和主权平等原则，成为近代国际体系的开端。

中华人民共和国从成立到2018年，对外缔结了25000多项双边条约协定，参加了500多项多边条约协定。有人统计过，现在一个大国与其他国家缔结的条约协定数目，平均每天超过1个。仅2017年，中国对外缔结的涉及贸易、投资、科教、文化、环境等各类条约协定或合作文件，便达到500多项。2018年召开的中非合作论坛北京峰会期间，中国就安排了42场签字仪式，签署条约及其他合作文件近150份。

签订各种条约协定，见证了中国大起来的步伐，使中国在国际体系中扮演的角色，从“旁观者”变为“参与者”，进而成为构建人类命运共同体的积极“推动者”

和“贡献者”。条约规范的对象也不断扩展，从南极到北极，上至外空下达洋底，大到维护和平，小到保护稀有物种，涉及政治、经济、文化、社会、生态各个方面。

签订条约协定是一回事，能不能遵守是另一回事。一个负责任大国的形象，根本上是靠遵守条约协定塑造起来的。中国在国际事务中一贯遵诺守信，被称为“模范生”，赢得国际社会尊重。反观美国，因为既大且强，就有些任性。这两年频繁“退群”“废约”，引发国际社会忧虑。

中国“大的样子”，这年还被放在了“世界百年未有之大变局”的天平上来衡量。

目前世界的变局之大，在于技术革命中的智能浪潮，正在以前所未有的速度，改变着人类的运行逻辑和国家治理方式；在于新兴发展中国家的分量，让几百年来一直占据世界舞台中心的西方国家，觉得需要调整其国际战略了；在于不少国家特别是西方国家民粹主义和贸易保护主义盛行，逆经济全球化趋势上扬；在于20世纪人们预言的，“21世纪将是太平洋的世纪”这个趋势，越来越明显了。

变局带来不同力量的加剧博弈，也意味着还没有形成定局，是个变数。这年，搅动中美两国人心，引起世界普遍担忧的中美两国贸易争端，就是这样的变局。

在这场变局中，中国“大的样子”，在于它拥有顺应时代潮流的大局观，体现出罕见的信心和定力。

美国发动这场贸易战，明面上的理由，是中国对美贸易的顺差，让他们觉得吃了亏。人们心里清楚，根本上是因为你在经济体量上的增长，不仅使别人觉得在经济上不合算，而且在其他方面似乎也不合预期，感觉不舒服。因此，看待中国的眼光，以及对中国提出的要求、与中国的竞争态势及其博弈手段、对中国诉求及发展前景的疑惧和防范，都日益复杂和尖锐起来。其表现形式尽管大多是贸易争端这类战术性骚动，但实际上是一种战略性焦虑。

中国的态度很明确，要力争在大变局中前行而非倒退。于是，人们看到，面对“逆全球化”趋势袭来，中国在 2018 年的改革开放举措，维护经济全球化的力度，似乎比以前要“来得更猛烈一些”。门，不仅没有关上，反而开得更大了。

12 月 18 日，中国迎来改革开放 40 周年的纪念日。在庆祝大会上，习近平同志用以下这些词句，对改革开放与实现中华民族伟大复兴的关系，与成就今天中国“大的样子”的关系，作了历史性的定位评价：“改革开放是我们党的一次伟大觉醒”，“改革开放是中国人民和中华民族发展史上的一次伟大革命”，“建立中国共产党、成立中华人民共和国、推进改革开放和中国特色社会主义事业，是五四运动以来我国发生的三大历史性事件，是近代以来实现中华民族伟大复兴的三大里程碑”。因此，我们要“将改革开放进行到底”，“改革开放永远在路上”。

在庆祝大会上，还表彰了100位各行各业的改革先锋，向他们颁授改革先锋奖章；还表彰了10位国际友人，向他们颁授中国改革友谊奖章。这背后传达的信息是：人民是改革开放伟大奇迹的创造者，是推动改革开放的力量源泉。改革开放在认识和实践上的每一次突破和深化、改革开放中每一个新生事物的产生和发展、每一个经验的取得和积累，都来自亿万人民的实践和创造。正是人民的改革创新，成就了今天中国“大的样子”。在新时代的改革路上，中国人将继续发扬改革先锋们“敢闯敢试、敢为人先的改革精神”。

回首来路，正是这些大的清醒、大的从容、大的选择、大的创造成就了中国之“大”。

走向未来，中国之“大”，总归是大在自信、大在定力。

中国作为发展中大国，注定面临着解决不完的问题。“大的样子”，不仅在于气势之壮、目标之大，也在于挑战之巨、风险和困难之大。在走向未来的过程中，那种风雨无阻的壮阔行程，也会呈现出“大的样子”。